स्पर्श के गुलमोहर

[कविता संग्रह]

स्पर्श के गुलमोहर

संगीता गुप्ता

राजकमल प्रकाशन
नयी दिल्ली पटना इलाहाबाद कोलकाता

ISBN : 978-81-267-2756-8

मूल्य : ₹ 300

पहला संस्करण : 2015

प्रकाशक : राजकमल प्रकाशन प्रा. लि.
1-बी, नेताजी सुभाष मार्ग, दरियागंज
नई दिल्ली-110 002

शाखाएँ : अशोक राजपथ, साइंस कॉलेज के सामने, पटना-800 006
पहली मंजिल, दरबारी बिल्डिंग, महात्मा गांधी मार्ग, इलाहाबाद-211 001
36 ए, शेक्सपियर सरणी, कोलकाता-700 017

वेबसाइट : www.rajkamalprakashan.com
ई-मेल : info@rajkamalprakashan.com

मुद्रक : बी.के. ऑफसेट
नवीन शाहदरा, दिल्ली-110 032

SPARSH KE GULMOHAR
Poems by Sangeeta Gupta

स्थिरप्रज्ञ नीम के पेड़ों को
जो मेरे मित्र हैं

आमुख

'स्पर्श के गुलमोहर' की कविताएँ प्रेम कविताएँ हैं भी और नहीं भी। इसलिए कि इन सभी में एक उत्कट प्रेम भाव मौजूद है पर वह आशिक़ी एक अकेले इंसान से नहीं, पूरी कायनात से है। प्रकृति और अनाम प्रेमी इनमें यूँ एकात्म हैं कि पता नहीं रहता, कब माशूक सूरज या धूप बन जाएगा, कब आसमान या रोशनी, कब नदी या समुद्र। समुद्र से संगीता को ख़ास लगाव है, शायद इसलिए कि प्रेम की तरह उसके ओर–छोर को न मापा जा सकता है न बाँधा। उसका उल्लास जिजीविषा का पर्याय है, और वही इन कविताओं के अणु–अणु में व्याप्त है। जीने की एक बज़िद चाहत, जो हर रुकावट को यूँ गले लगाती है जैसे वह बाधा नहीं ज़िन्दगी का अहम हिस्सा हो। फिर इस शिद्दत से उसे जीती है कि वह मूर्त से अमूर्त होती चली जाती है। होते–होते हज़ार रंग पा जाती है। अमूर्तन कैनवस पर उतरता है तो अवसाद नहीं, उल्लास का बिम्ब बनकर। वही उल्लास जो सागर की लहरों में है, सूरज की गुनगुनी से तीखी होती धूप में है। नाउम्मीद होना इस कवि ने जाना नहीं। कभी जाना तो दामन जकड़ता नाउम्मीदी का हाथ यूँ अलग झटक दिया जैसे ग़लती से उठाया रंग हो। अणु–अणु में व्याप्त बेशुमार रंग हैं इस कवि के पास, इसलिए ग़लती सुधारना मुमकिन ही नहीं पुरक़शिश है। इन अनगिन रंगों को चुन–चुन कर बनी हैं, निजत्व को प्रकृति में जीती कविताएँ। उन्हें हर बन्धन से आज़ाद रखने की ख्वाहिश ने अलग–अलग शीर्षक नहीं देने दिया। अब मर्ज़ी आपकी है, इसे कविता–दर–कविता पढ़ें या पूरे संग्रह को एक लय में, लम्बी कविता की तरह पढ़ लें।

मृदुला गर्ग

दिल्ली, 20/02/2014

अनुक्रम

स्पर्श के गुलमोहर

लाँघना मुश्किल
हमारे बीच पसरे
सन्नाटे को
पर असम्भव भी नहीं

कभी पुकारकर देखना
या
अपने मौन में ही
सुन सको
तो सुनना
मेरी धड़कन

जानती हूँ
तुम्हारी आँखों की प्यास
गहरी
पर मेरे
आँसुओं की नदी भी
कभी कहाँ सूखती

पलकें झपकाओ तो ज़रा
मेरी नदी
वहीं कहीं बहती है

तुमने सौंपी थी
चुपचाप, सबसे चुरा
एक दहकती दोपहर
और मैं
अपनी कविताएँ रोप आई थी
तुम्हारे धधकते मन में

ज़रा अपने में झाँको
देखना
अग्निफूल खिले होंगे वहाँ
बाँझ तो नहीं थीं
मेरी कविताएँ

एक पल
कभी ठिठको
तो अपने पाँव देखना
मेरे स्पर्श के गुलमोहर
अब भी दहकते होंगे वहाँ

बर्फ़-सी सुन्न
उँगलियाँ
रखना कभी उन पर
और महसूसना
मेरा होना
सर से पाँव तक।

ज़िन्दगी भर

ज़िन्दगी भर
बड़ी शिद्दत से
उस वादे को निभाया
जो कभी किया न था
तुमने कब जाना
तुम्हें चाहा, सराहा
साँसों में तुम्हारी महक
चुपचाप जीती रही
बरसों बरस।

नन्ही परी

नन्ही परी
ज़रा आँखें खोलो
देखो तो ज़रा
एक मीठी सुबह
तुम्हारे दरवाज़े पर
दस्तक दे रही
तुम्हें गले लगाने को
मचल रही

बर्फ़ सी ठिठुरती हवा
तुम्हें छूकर
गरमाना चाहती

सूरज, किरणों में
तुम्हारी नूरानी हँसी भरने की
प्रतीक्षा कर रहा

धरती तुम्हारे क़दमों को
चूमना चाहती
आकाश बाँहों में भरना चाहता तुम्हें
और तुम इन सबसे
बेख़बर सोई हुई हो।

पत्थर भी

पत्थर भी
पत्थर की आँच से
पिघलते हैं
कभी-कभी

पथराये शरीर के
भीतर
उनके मन क्या
मोम के बने होते हैं

तुमने कहा था
किसी पत्थर में
इतनी आब तो हो
जो दूसरे पत्थर को
पिघला दे

दो पत्थरों के
मिलने से
क्या कोई कहानी
बनती है
ज़माने भर के पत्थर

उनके पीछे
उनकी बात करते हैं
क्या तुम्हें पता है।

लोग पूछते हैं

लोग पूछते हैं
कैनवस पर जो बना है
उसका मतलब क्या है
कैसे बताऊँ
चित्र देखने, महसूस करने के लिए होते
समझने के लिए नहीं

अमूर्त चित्रों को परिभाषित करना
कितना कठिन
महीन–सी बात है
राग यमन सुनना अच्छा लगता
तो बतलाओ, समझाओ
उसमें जो अच्छा है
वह क्या है

किसी की खिलखिलाहट
प्यारी लगती
किसी की आवाज़ की कशिश
दिल को गहरे छूती
सुख मिलता बतियाकर
दुख होता जब वह दूर होता
प्रेम जैसा कुछ

फैला हुआ
जीवन के इस छोर से
उस छोर तक

जो शून्य है
वह शून्य नहीं
तुम्हारा अस्तित्व है

अब तुम परिभाषित करो
समझाओ मुझे
खिलखिलाहट
आवाज़
दुख
सुख
प्रेम
जीवन
या रिश्ते-सा कुछ
जो बस है
अनकहे को कहना
कब सम्भव होता
शब्दों के मोहपाश में
ये नहीं बँधते
मैं इन्हें चुरा लेती
अपने कैनवस पर
यूँ रख देती
जैसे सूरज की पहली किरण

जीवन में जो
सार्थक वह अमूर्त
परिभाषित नहीं हो सकता सब

जो है, होता है
समझने की कोशिश बेकार
उसको महसूसो, जिओ
मैं कैसे बताऊँ
कैसे समझाऊँ
मेरे चित्रों में क्या है

बस इतना कह सकती हूँ
जीवन है।

जल ही जल

जल ही जल
चारों ओर

ध्वनि
मात्र लहरों के उठने, गिरने की

हाउसबोट में हूँ
सिर्फ़ अपने साथ

लहरों को छूकर आती हवा
खेल रही
बालों से

महसूस रही
उसका स्पर्श
प्रिय कोई
तन-मन की
सारी थकान मिटा रहा जैसे

दुःख तिरोहित हो रहा
विडम्बनाएँ
जीवन की

जल-समाधि ले रहीं

अब तक जिया
विगत हुआ
नीरव एकान्त में, जी उठी मैं।

ढलती शाम

ढलती शाम
सूरज को
समाते देखा
समुद्र के अन्तस में

नदी भी
अन्ततः
उसमें ही
समाती

समुद्र
देता आश्रय सबको

उसके नाद में
छुपा सबका दुख
सबका सन्ताप

पास बैठ उसके
सुना आयी
आप-बीती

डूब उसमें
हुई
मुक्त।

बीते साल की तरह

बीते साल की तरह
लौटकर
मत आना
अतीत

मुक्त करो मुझे

पल दो पल सही
जीना चाहती
तुम्हारे बिना

कोई रास्ता
तुम तक नहीं जाता
मत देखो मुड़कर
आगे बढ़ो, और आगे, और आगे

खोजने दो
मुझे अपनी राह

खोना–पाना चलता रहता
जीवन भर

हिसाब कहाँ रख पायी
चल पड़ी हूँ बेपरवाह
कहाँ पहुँचना, जाने कौन।

जलती दोपहर-सी

जलती दोपहर-सी
ज़िन्दगी में
जहाँ सब सुलगता
जलता-बुझता
फिर जलता
फिर-फिर जलता
फिर-फिर बुझता
राख होता बिखरता
वहाँ ठंडी बयार-से
तुम क्यों आये?

हासिल नहीं होना
कहाँ बचा कुछ
सब दे, खो चुकी
अपने लिये बस
मुक्ति माँगती
तुम्हें क्या दूँ भला
देर कर दी बहुत तुमने
आने में

अब आ गये हो तो
मेरी मुक्ति की कामना ले लो

हमदम बनो
मुक्त हो
मुक्त कर दो।

मुझे पन्नों पर

मुझे पन्नों पर
समेटने बैठे तुम
मुश्किल में पड़ गये
अस्तित्व पर तुम्हारे
यूँ पसरा कोई
तुम स्वयं को,
न उसको
समेट पा रहे

शब्दों को बाँध लेते
सजा, सँवार लेते तुम
वे तुम्हारा कहा सुनते हैं

मेरा कहा
तुम सुन नहीं पाये
तुम्हारा कहा
मैंने भी कब सुना

हमारे बीच शब्द होते
हम सुन लेते
शब्दों के परे
जो था

क्या था, क्या है
जो नहीं मिटा

जानते हो तुम
मैं भी समझती हूँ
रहने दो उसे अव्यक्त, अनकहा
कुछ रिश्ते अनाम, जिन्हें हम जीते हैं

चुपचाप, जीवन के अन्तिम छोर तक।

तुम्हारे साथ

तुम्हारे साथ
रास्ते भी
मंज़िल लगते
अपनी धड़कनों से
बेपरवाह
अपनी धड़कनों में
सुन रही
तुम्हारी धड़कनें

व्यस्तताओं से घिरी
कब जान पायी
मैं खुद के पास नहीं

तुम पास हो तो
मैं लौट आयी अपने पास
जीना कुछ
आसान हो गया इन दिनों।

थोड़ा सा बचपना

थोड़ा सा बचपना
बचाकर रखना
दिमाग़ से सब काम लेते
तुम
गाहे-बगाहे
दिल की भी सुनना
हँसना, खिलखिलाना

पतझड़ के बाद
बसन्त आता है सदा

यूँ पतझड़ भी सुन्दर
सूखे पत्तों पर
दबे पाँव चलना
और सुनना सपनों के
टूटने की सरसराहट

ठीक उसी पल
नये कोपल की तरह
सपने फिर कहीं उग रहे होते।

मुलासमत की बाँह थामी

मुलासमत की बाँह थामी
मौसम के माथे बल पड़ा
दोनों में से एक का
रूठना लाज़िम
मौसम से निगाहें चुरायीं,
उसका मिज़ाज बिगड़ा
बादल गरजा, बिजली चमकी
हवा ने तूफ़ान खड़ा कर दिया
कैसे समझाऊँ मौसम को कि
मन छोड़ आयी हूँ
तुम्हारे पास
दिमाग़ के साथ
चल पड़ी हूँ
वह यूँ भी
वक़्त का ग़ुलाम।

उदास रात

उदास रात
सुबह तक
बर्फ़-सी पिघलती रही
नींद आती-जाती रही
ठिठुरते रहे सारी रात
ख़्वाबों की रजाई में
गरमाहट नहीं थी।

देर रात गये

देर रात गये
तूफ़ान खटखटाता रहा दरवाज़ा
हवा मनचली सीटियाँ बजाती रही
कड़कती बिजली अपने होने का
एहसास करवाती रही
ताने देते रहे गरजते बादल
बसंत को रिझाती रही रिमझिम
कई बार तुम सोच में उभरे
और मैं तुम्हारे क़रीब होने को
झुठलाती रही।

पीछे मुड़कर

पीछे मुड़कर
ज़िन्दगी को देखने की आदत नहीं
जान–बूझकर तय करती हूँ
गाहे–बगाहे
आज कुछ नहीं करना
सिर्फ़ अपने साथ रहना

खिड़की से नीम को निहारा
वह भी पीले पत्तों का लगातार
झड़ना महसूस रहा
खरगोश–से नये मुलायम पत्ते
तन पर उग रहे
मौसम की अपनी विवशताएँ!

एक पतझड़ हमारे अन्दर भी
गुज़रता
एक बसन्त भी
कहीं भीतर पनपता
पतझड़ और बसन्त से बेपरवाह
जीती रही बेख़बर

बरसों बाद

कुछ ज़्यादा बुलन्द हुए
बसन्त के हौसले
अन्दर कहीं
उसकी मौजूदगी दर्ज हो रही।

मेरी न सही, मौसम की सुन लेते

मेरी न सही, मौसम की सुन लेते
मुझ से ज़्यादा रिझाता रहा तुम्हें
जादू न चला मेरा, न सही
उसके जादू का तो भरम रखते
मेरी नासमझियाँ छोड़ो
मौसम की नादानियों पर तो
मुस्कराते
कौन जाने कब
मैं और मौसम दोनों न रहें
या रहें
तो बदल जायें।

जीवन में

जीवन में
जो घटा

या अघटित रहा
सब निरर्थक

समय के अन्तराल में
महत्त्वहीन होते सम्बन्ध
अब तक का किया
कहा, अनकहा
अनर्गल

हथेलियों में छुपा सकूँ
इतना सुख या दुख भी
पास नहीं

सच कहूँ
जो सुख लगा था
अब नहीं लगता
दुख भी दुख कहाँ रहे
सबकी सूरत बदल गया समय

न सन्ताप, न चिन्ता
न भय, न अपेक्षा
झोली ख़ाली मेरी

शून्य के सागर में
डूबने को आतुर
मात्र शून्य हूँ।

यात्रा में

यात्रा में
साथ-साथ
चलते रहे निरन्तर

सुनती रही तुम्हारी आवाज़
देखती रही तुम्हारा
लहरों को रिझाना
कभी रूठकर
तुम्हारे वक्ष में छुपतीं
कभी तुम से दूर भागतीं

लहरों को सहेजते, सँभालते
स्वयं में समेटते
तुम फिर भी साथ चलते रहे

तुम्हारे साथ होने का एहसास
दिवास्वप्न सा
अब भी होता

वापस लौटी
तुम से दूर

मन में झाँकती हूँ जब
अपने बहुत पास पाती
तुम्हें समुद्र।

समानान्तर यात्राएँ

समानान्तर यात्राएँ
कभी मिलें न मिलें

एक महक है
ताज़ादम करती
उसे नाम दिया है
प्रेम

जो शब्दों में नहीं सिमटा
न मिटा, न बँधा
अबाध है, सतत है
तुम जानते हो,
मैं जानती हूँ...।

सोचती हूँ

सोचती हूँ
तुम्हारे सपने
रँग दूँ
अतीत सबका होता
कोई कहाँ जान पाता
कल क्या होगा?

बस इस पल को
जी लो
इस पल में भर लो
अपनी रोशन हँसी,
मेरी कविताएँ
और
जीवन बाँहों में
भर लो।

यह जो जादू-सा

यह जो जादू-सा
छाया है मुझ पर
वह तुम्हारा है
या
तुम्हारी बातों का

मेरे एकान्त में
खुशबू-सी, किसकी है
महका-महका है मन
कौन पल-पल
मुस्कान बना है होंठों पर।

मेरा एकान्त

मेरा एकान्त
किस की खुशबू से
महक रहा
तन्हा हूँ
पर तन्हाई का
एहसास नहीं
मेरी क़लम में
कविताएँ किसकी हैं
कैनवस पर
रंगों में
नटखट–सा कौन
खिलखिला रहा
किसकी रोशनी
फैली आसपास।

अकेले फूल को देखा

अकेले फूल को देखा
सूर्य के स्पर्श से खिलते-निखरते

सूर्य की ऊर्जा का
सहज स्वीकार

अपने खिलने में
कितना सुन्दर

गरिमामयी
उसकी उपस्थिति

सबका होकर भी निस्संग
पृथ्वी पर
नितान्त अकेला
बाँट रहा
सौन्दर्य

लेने में जितना सहज
देने में भी उतना ही

लेता ऊर्जा सूर्य से आदमी

पर आपस में लेने से
अक्सर असहज होता

लौटाना क्यों
उसे भयाक्रान्त करता।

अरसे बाद

अरसे बाद
चाँद उतर आया
मेरी खिड़की पर
और चाँदनी
मेरे बिस्तर पर

यूँ चाँद का तकना,
चाँदनी का
भिगोना
भला लग रहा

तन–मन
बंजर
रेत हुआ
कहाँ याद कुछ
रीता–बीता जीवन

भूला–बिसरा
क्या याद करूँ
क्यों याद करूँ
लौटूँ तो कहाँ
क़दम बढ़ाऊँ तो किधर

सब ठहर गया
सब चुक गया

बस चाँद
ढीठ की तरह
यहाँ ठिठका
कुछ कह रहा
जिसे सुनना तक
मुझे डरा रहा

नाहक ज़िद ठाने है चाँद
कई बार झिड़क चुकी
कहा भी कि
और खिड़की झाँक
कोई और दरवाज़ा खटका
पर
मेरा कहा सुनता नहीं

मैं भी कब मानूँगी
वह भी कहाँ हारेगा
खिड़की खोल दी
अन्दर आने दूँगी

यूँ कब तक
कोई रूठ सकता
जीवन से।

पम्पा नदी के किनारे

पम्पा नदी के किनारे
नाविक के गाँव
बँधी नाव

लालटेन की रोशनी में
सुन रही
झींगुरों का गान

जल में
नारियल के पेड़ों की
प्रतिछायाएँ

मौन नदी की
लहरें शान्त

कभी-कभी
छोटी नावों
के खेने का मद्धिम स्वर
डब-डब-डब

पत्तों के बीच से गुज़रती
हवा की सरसराहट

नितान्त अकेले
नीरव में
अद्‌भुत यात्रा
यायावर की

कल्पना से परे,
अपना तिलिस्म बुनती

दूर झोपड़ियों में
टिमटिमाती रोशनी

किसी और जगत के लग रहे

कवि, चित्रकार
ऐसे ही किसी गाँव में
ठहरने का
बुनता सपना

यहाँ मैं
सपने से रूबरू
सपने को जीती

डूबता सूरज

डूबता सूरज
सुन्दर लगता
अपने डूबने में
अप्रतिम, अद्वितीय
क्योंकि
वह फिर उगता

समुद्र के वक्ष पर
गिरकर भी लहरें
विलाप नहीं करतीं
क्योंकि वे फिर उठतीं

गिरना और उठना
शाश्वत सत्य

आदमी क्यों
डरता, घबराता
गिरकर वह भी
उठ सकता

गिरकर उठने पर

आदमी सूरज में
तब्दील हो जाता

उठो
सूरज बनो।

स्वयं

स्वयं
किसी को
नहीं बाँधते तुम

चुम्बकीय आकर्षण सा
सम्मोहन तुम्हारा
सब स्वयं बँध जाते

लौट आयी
पर तुम्हारा अनहद नाद
गूँजता रहता
आत्म में गहरे

तुम्हारे अथाह जल में समर्पण को
सब आतुर, उत्सुक

तुम्हारे विस्तार में
सहज स्वीकार
सबके लिए

सब सार्थक तुम्हें पाकर

तुम दाता, दे-दे नहीं थकते
सब याचक, ले और माँगते

धीर, गम्भीर बाँधते सबको
स्वयं मुक्त, अलिप्त।

प्रेम में विवश

प्रेम में विवश
लहरों को
स्वयं में समेटते

झूमकर गाते
लहरों को चूमते

शरारत से भर
चट्टानों पर जा गिरते

खिलखिलाते
कभी शान्त हो जाते

तट की रेत को भिगोते
कभी रूठकर लौट जाते

तुम्हारे निकट बैठ
देखती तुम्हारा खेल
मुग्ध होती रही
तुम्हारी हर अदा पर

लौटी हूँ लेकर

ख़ुद पर
तुम्हारे स्पर्श का दुलार

रच-बस गया मुझमें
तुम्हारा नाद
तुमसे मिल, हुई तुम्हारी
क्या तुम जानते हो समुद्र।

बूँद आँसू की

बूँद आँसू की
बहते–बहते
ठिठक कर
थम गयी थी
मन में तुम्हारे
पीना चाहती थी मैं उसे

खोना तुम्हें
कितना आसान
क्योंकि तुम
सिर्फ़ यही चाहते
और
तुम्हें पाना
कितना मुश्किल
क्योंकि मैं
सिर्फ़ यही चाहती

हमारे लक्ष्य
अलग
विपरीत

अब लगता

कम है समय
थक गयी
तुम ही जीते।

कल तक

कल तक
न रुकती
न थमती
अनजान पथ पर
अनचाहे पत्थरों से
टकराती, होड़ करती
लक्ष्य पाने की
अदम्य लालसा से
अकुलाई
कुछ उकताई हुई
कातर नदी थी मैं

आज़
तुम्हारी आँखों के
अथाह सागर में
आकंठ डूबी
एक समर्पित नदी।

दुख से कातर

दुख से कातर
मन की व्यथा
कह नहीं पायी कभी
डरती रही
कहने से
दुख घटने के बजाय
बढ़ न जाये
दुख की अपनी भाषा है,
सबको समझायी नहीं जा सकती

आकुलता, संशय, सब अनकहा
सँभाले कहाँ सँभला फिर भी
आँखों में उमड़ता रहा
यूँ छलके नहीं आँसू
पलकों से टकरा
मन पर बरसते रहे

मन अपना था
आँसू की हर बूँद
इकट्ठी हो
झील बन गयी

उस झील में कभी
कहाँ कोई डूबा
कभी तुमने
किसी को आने कहाँ दिया
अपने तक
बरसों बाद मेरी उपस्थिति
का कंकड़ जा पड़ा वहाँ

भभकती झील में
जलती रहूँगी
जब तक
आग
ओस न बन जाये

चाहती हूँ
उस नरम, ठंडी ओस में
तुम्हें भिगो दूँ एक दिन
और तुम्हारा भीगना
देर तक देखा करूँ।

एक बार फिर

एक बार फिर
जीने का मन
हो चला
तुम्हारी आँखों की
रोशनी से
अन्दर का अँधेरा
धुल गया
जैसे अर्से बाद
भीख माँगता बच्चा
नहाकर आया हो

तुम्हारी वो अलमस्त
अल्हड़ हँसी
मुझसे कहती है उसे
मेरी शरारतें अच्छी लगती हैं

तुम्हारी हँसी
दोस्त बन गयी
सब मीठा–सा है
दिन भर की मज़दूरी अब
नहीं लगती नागवार
ज़िन्दगी ख़ुशनुमा है।

पीछे मुड़कर

पीछे मुड़कर
कोई कब देख पाता
बीते कल को देखने का
अवकाश कहाँ मिलता
तुम्हें देखा
तो लगा
बरसों पीछे लौट पड़ी
वही त्वरा,
कई काम एकसाथ
कर गुज़रने का हौसला वही
वही आत्मविश्वास से दमकती काया
दपदपाती, नूरानी, रोशन
ख़्वाबों से डबडबातीं,
खिलखिलाती आँखें वही
बात, बेबात हँसना, हँसाना
पल में घुलमिल जाना
पैर धरती पर
बाँहों में आकाश लिये
एक छवि
धूल से अटे आईने में
अटक गयी जैसे

लगा अनजाने
स्वयं को
ढूँढ़ लिया।

मंज़िल पर पहुँच

मंज़िल पर पहुँच
थका, लस्त-पस्त आदमी
शून्य से भरा
किसी नये सपने की खोज
और नये रास्तों पर चलने
से पहले
एक नन्हे पल
कुछ न करने का
सुख चाहता
और तब
मन के
किसी छोटे से
दराज़ में से
एक नन्ही इच्छा
उगने लगती
काश
इस शून्य में
कोई तिनका ही सही
उसका हाथ थाम, कहे
अरे! थक गये
दो पल

बैठो पास
ज़रा सुस्ता लो
फिर चलने से पहले।

जो मिला

जो मिला
वही मेरा हासिल
पतझड़ मुझे
बसन्त लगता

मन में
असंख्य फूल खिले
जो मुरझाते नहीं
हज़ारों दीये जलते
जो बुझते नहीं
इतनी रोशनी
जीवन में
कैसे कहूँ
मुझे मुकम्मल जहाँ
नहीं मिला
जो है, जैसा है
मुकम्मल है।

अब तक

अब तक
अपनों को
बेगाना बनते देखा

ग़ैर कब
अपना बना
कहाँ पता चला

कहने को ग़ैर
मगर जीने के लिए
ज़रूरी लगता।

अनुपस्थित कोई

अनुपस्थित कोई
हर पल
उपस्थित रहता
कभी आप
उसे परे धकेलते
कभी आँखें मींच
झुठलाते
कभी स्वयं को
और-और कामों में
खूब व्यस्त कर लेते
वह फिर भी
लौट-लौट आता
दफ़्तर की फ़ाइलों से
झाँकने लगता कभी
कभी कम्प्यूटर स्क्रीन पर
उग आता
आपकी कुर्सी के बग़ल में
आ खड़ा होता
देर तक
ग़ायब नहीं होता कभी
आप जब सोचते
चलो गया अब...

खिलखिलाता तभी
फिर आ जाता
लुकाछिपी है उसकी
अब सहज स्वीकार
उसके होने का।

प्यास तू

प्यास तू
तू ही समुन्दर
तू जुनून
तू सुकून
तू दर्द, तू दवा
तू पराया, तू अपना
वीरानी तू, तू बहार
तू अँधेरा, तू उजाला
तू सपना, तू हक़ीक़त
धरती से आसमान तक
तू ही तू
मैं कहाँ
कहीं नहीं।

वह पल

वह पल
तुम्हारा न था
मेरा न था
तुमने ख़ुद को खोया
मैंने ख़ुद को खोया
खोने में
सुख था
जादू था
हम न थे
सिर्फ़ पल था।

तुम पास हो

तुम पास हो
साथ नहीं मेरे
जानती हूँ, समझती हूँ

सोचती हूँ
क्या तुम अपने साथ हो
तुम अपने भी साथ नहीं
एक दौड़, एक रेस में हर पल शामिल
घर से, प्यार से दूर जाना छोड़ो
घर तो दौड़ से, रेस से थककर
लौटने, ठहरने के लिए होता
प्यार–पूजा
मन में बसाने के लिए होता।

तुम्हारी निष्पाप हँसी

तुम्हारी निष्पाप हँसी
बुलन्दी बन उतरी
मेरे हौसलों में
तुम हुए मेरे वजूद का हिस्सा
मैं जीत के एहसास से भर गयी
कहीं भीतर वीरानी थी
दुनिया नूरानी हो गयी।

सुबह

सुबह
बड़ी उदास, गुमसुम
चलो इसे हँसाया जाये
रास्ते सुनसान,
बड़ा सन्नाटा
चलो चिड़ियों को मनायें
वे जरा चहचहायें
फूलों से कहें
वे इतरायें, खिलखिलायें
सब कहते
बसन्त ऋतु है
चलो कामदेव से कहें
कुछ जादू करें
इन्सानों को प्रेम करना सिखायें।

नदी के स्थिर, शान्त जल में

नदी के स्थिर, शान्त जल में
आकाश को
पृथ्वी से मिलते देखा
इतना उज्ज्वल आकाश
लदे-फदे बादल
इतरा रहे

देखा ओस नहाये
पत्तों को
सूर्य का स्पर्श पा
ऊर्जावान होते

मन में प्रश्न पनपा
सूर्य के स्पर्श से
क्या इनकी सुबह होती

क्या
सारी रात पत्ते
सुबह सूर्य के प्रथम स्पर्श की
प्रतीक्षा में होते

बिन माँगे
सूर्य सबको देता

उसकी ऊर्जा
न चुकती
न वह थकता,
न हारता

आदमी
क्यों नहीं देता, गर देता
तो न थकता, न हारता

देने में
इतनी कठिनाई
देने से पहले
करता हिसाब

क्यों दूँ, कितना दूँ
देना व्यर्थ न हो
दूँ तो सुपात्र, समर्थ को
तभी वह लौटा सकेगा
मय ब्याज

देना सिर्फ़ लेने के लिए,
क्यों सम्भव नहीं
आदमी के लिए
देना मात्र देने के लिए

भूल बैठा
ऊर्जा लेता सूर्य से

पर देना नहीं चाहता

नहीं चाहना देना
बौना बनाता आदमी को।

पृथ्वी

पृथ्वी
जल
वायु
आकाश
प्रकृति
साथ मेरे

बेचैन थी फिर क्यों
किसी के साथ के लिए

संग रहते ब्रह्मांड में
आदमी क्यों
चाहता साथ
हर पल
आदमी का

संग सदा
साथ लाता
अपूर्णता का एहसास

या भय
साथ छूटने का

निस्संग होना
स्वयं में पूर्ण होना

पाने या खोने
के भय से
मुक्त होना

निस्संग
विवशता में नहीं
स्वयं चुनना

निस्संगता,
देती स्वतंत्रता
अपने को जानने,
पहचानने,
पाने की।

यात्रा-एकाकी

अपरिचित परिवेश
साथ हूँ अपने
शान्त, सहज
इच्छा नहीं किसी साथ की

समझ रही
धीरे-धीरे
अपना सच
सबका सच

कोई साथ नहीं चलता
जन्म और रक्त के रिश्ते
या स्वयं चुने रिश्ते
अपनी सीमा में बद्ध सब

कुछ महत्वपूर्ण नहीं रहा
कुछ न बचा
समय की छन्नी में
छन गया सब

हथेली पर
अणु-सा

अस्तित्व अपना
शेष फिर भी

अर्पित तुम्हें
तुम्हारा ही था वह।

मोहपाश छोड़

मोहपाश छोड़
बैठी साथ
समुद्र के

अच्छा लगता
उससे बतियाना
चुपचाप सुनना
बातें उसकी

खींचता
उसका सम्मोहन

इच्छामृत्यु का वरदान
मिला नहीं
वरना उसके वक्ष में
जल समाधि ले
मृत्यु को
रूमानी बनाती!

जाना ध्यान में

जाना ध्यान में
जीवन एक साधना
सीखा एकान्त से
स्वयं को खोजना,
जानना-पहचानना

स्वयं का साथ
स्वयं को प्रिय
मौन से बातें करते-करते
मौन हो जाता साधक

स्वानुभूति
मौन की शक्ति का बोध
मौन असीम

मौन
शिव,
सत्य
सुन्दर

गहरे पैठ

डूब गहरे
खोजा,

पाया
स्वयं को।

दीये की नियति

दीये की नियति
लेकर आते कुछ
सतत जलना
उनका कर्म, उनका धर्म
रोशनी सबको मिले
तो जलना भी
भला लगता

अपने अँधेरों को
सहेज, समेट
जलते जाना, बस जलते जाना
न रुकना, न थकना
यूँ ही जीना, जीते चले जाना
जीने को अर्थ देता लगता

नियति फिर नियति है
सहज स्वीकार हो तो
सुन्दर है वह भी।

दिनचर्या में

दिनचर्या में
स्वयं को
खर्च करती
तुम्हें देखना
बहुत सालता है मुझे

तुम्हें न बचा पाने की
विवशता
मेरी सीमा क्यों है

तुम्हारा होना
और कमतर चीज़ों में
यूँ चुकते चले जाना
डराता है मुझे

तुम्हें चुरा लूँ सबसे
और पहुँचा दूँ वहाँ
जहाँ तुम्हें होना चाहिए
सोचती हूँ अक्सर
और सोचकर
रह जाती हूँ।

दिल्ली की हल्की ठंड में

दिल्ली की हल्की ठंड में
सब ख़ुशगवार लग रहा
मुलायम, मख़मली धूप को
ओढ़कर
कहीं सो जाऊँ
या
चुपचाप निःशब्द
किसी सूने कोने में
धूप में आँखें मींचे
सोचूँ तुम्हें
और
ऐसे चुराए पल
जी लूँ ज़रा।

तुम्हारा न होना

तुम्हारा न होना
कितना बेमानी
तुम नहीं होते जब
तब भी तुम्हारे होने का एहसास
शिद्दत से
महसूस होता
तुम और पास, और क़रीब होते

अब तो
तुम्हारा होना
न होना
सब एक-सा
तुम हो
हर पल
हर जगह
हर साँस।

निरन्तर

निरन्तर
गिरतीं
फिर-फिर उठतीं
लहरें

नहीं थकता समुद्र

कभी-कभी
आदमी
गिरकर
उठता
पर थका हुआ।

जीवन की हर सौगात

जीवन की हर सौगात
बाँटनी चाही तुमसे
छोटी पड़ गयी
तुम्हारी झोली

सुख दे सकती
तुम्हें
लगता था ऐसा
सहज ले सको
नहीं हुआ तुमसे

देना कठिन है पर
लेना और कठिन है
लेना या देना
सहज हों तो
सुन्दर हो जाता जीवन।

इस मौसम में

इस मौसम में
सूरज की सख़्ती
कुछ कम हो गयी
धूप नरम, निखरी
और ख़ुशगवार
यूँ लगता
यह मौसम नहीं
तुम हो।

मन में बसा जो

मन में बसा जो
उसके दूर जाने का
एहसास नहीं होता
पास होकर भी कुछ
पास नहीं होते

जीवन हर पल
जादू-सा लगता
कौन जान पाया
किसने समझा
दावा करते जीवन को समझने का
दिमाग़ से काम लेते

उसका जादू
समझ से नहीं
दिल से जानो
तो जान जाओगे।

सपनों में

सपनों में
आहटें आती रहीं तुम्हारी
बसे तो हो जागती आँखों में
नींद और सपनों को तो
कम से कम
रहने दो मेरा।

स्वयं को निर्वासित रखा

स्वयं को निर्वासित रखा
जीवन जीते हुए
जगत में ऐसा क्या था
जिसे पाना या खोना था
दूर से स्वयं को देखो तो
पाना–खोना, मरना–जीना
हँसना–रोना, सफलता–विफलता
सब एक से लगते
समय के क्रम में
सब आते–जाते
साथ रहता सिर्फ़
अन्दर सँजोया, सँवारा
घिस–घिस कर माँजा
अन्तरमन।

तुम्हारे नाम

तुम्हारे नाम
पैग़ाम
धुंध से ढकी दिल्ली का
लौट आओ तुम
तो सुबह खिलखिलाकर
हँस पड़े
तुम्हारी हँसी के बिना
शहर फीका
तुम बिन दिल्ली
बेदिली से जी रही।

बीता बचपन तुम्हारा

बीता बचपन तुम्हारा
लौटा तो न पाऊँगी
जब चाहो
मेरे साथ
बचपन अपना फिर जी लेना
ज़िद जो अधूरी रह गयी तुम्हारी
मुझ से पूरी करवा लेना अब
रूठ जाना, पैर पटकना
वह सब माँगना
जो बचपन में नहीं मिला
अपने डरने, सहमने के कारण
मुझे दे देना सब
सच हुए सपनों में
तब्दील कर दूँगी उन्हें
तुम्हारे लिए।

ठिठुरती हुई शाम

ठिठुरती हुई शाम,
अलसाती हुई
रात में ढल रही
दूर से आती
अज़ान की आवाज़
या पास
स्टेशन से गुज़रती
ट्रेन की छुकछुक
धुंध की परतों में
दबे–छुपे सन्नाटे
को चीर देती
आसपास पसरी हुई
गहरी खामोशी में
घड़ी की टिकटिक
यूँ सुनाई पड़ती जैसे
अपनी धड़कन
साँस का आना–जाना
सुनाई पड़ता
ठंडी–सी रात में
रहस्यमय लगता सब
खामोशी की भी
आवाज़ होती है

सुन नहीं पाते सब
सुनते तो
खामोशी
संगीत लगती।

राख के ढेर में

राख के ढेर में
दबा–छुपा अंगार हूँ

बुझते–बुझते भी
सुलग उठती हूँ

गीली लकड़ी–सी
ज़िन्दगी में
लौट आती हूँ
लपटों–सी

ताकि सर्द मौसम में
महसूसो तुम
गरमाहट मेरी

मेरी आँच तुम तक पहुँचे
बुझते–बुझते
जलती हूँ
फिर–फिर

बुझ जाऊँ
चुक जाऊँ
मैं वह आग नहीं।

तुम्हारी उपस्थिति

तुम्हारी उपस्थिति
गूँजती रहती
निरन्तर
अनहद नाद–सी

समयातीत
कालातीत
शून्य से शून्य तक
कौन हो तुम

पृथ्वी से आकाश तक पसरा
तुम्हारा अस्तित्व
मैं
अंश तुम्हारा।

तुम मिले

तुम मिले
जैसे रंग
कैनवस से मिलता

रंग फिर
रंग नहीं रहता
कैनवस भी कहाँ
कोरा बचता
मिलजुल, घुलमिल दोनों
एक दूसरे को रचते
बन जाते
एक मुकम्मल तस्वीर।

अलग-अलग राहों पर

अलग-अलग राहों पर
चलते हुए भी
पहुँचना एक ही जगह है

हमसफ़र, हमक़दम, हमराज़ नहीं,
न सही
फ़र्क़ नहीं पड़ता
ठीक है, ऐसा ही होना था
जीवन से
शिकायत करने की इच्छा भी
कहाँ बची।

कितना सहा

कितना सहा
कितना जिया
कितना खोया
कितना रीता
कितना बीता
जीवन

छोड़ो, जाने दो
पीछे छूटा
कल था
आज साथ हूँ
साथ चलो

बचा अब
थोड़ा जीवन
थोड़ी-सी आस्था
थोड़ा-सा विश्वास,
प्रेम बाँटूँगी तुमसे

देर हो गयी बहुत
फिर भी

समय जो
बचा है
जीना है
साथ-साथ।

ऑरियेन्टल वॉयलेट का

ऑरियेन्टल वॉयलेट का
उँगलियों पर स्पर्श...
मन उस पल
बैंजनी हो गया
कैनवस पर
खुनकते हुए उसका
पसरना, पसरते चले जाना
नील के संग
यूँ घुलमिल जाना
जैसे बरसों बिछड़े साथी
यकबयक यूँ ही कहीं
राह चलते मिल जाते हैं
नील की बाँह थामे
इतराती वॉयलेट
दूर निकल पड़ी
साथ चल रहे, चलते रहेंगे
वहाँ तक
जहाँ धरती–आकाश मिलते से लगते।

नरम मुलायम

नरम मुलायम
खरगोश-सी हवाएँ
कानों में खुसफुसा गयीं
बसन्त का पैग़ाम
धूप में पसरी
अधमुँदी आँखों वाली बिल्ली,
बेख़ुदी में इतराती मैं
बातें याद करके तुम्हारी
अकेले खिलखिलाती मैं।

तुम्हारा होना

तुम्हारा होना
हक़ीक़त सही
नींद में, सपनों में आ-आ
होने का एहसास मत करवाओ
कभी- कभी
अपने पास रहने दो मुझे।

दौड़ते-भागते

दौड़ते-भागते
पथराये-से शहर में
अनायास
बरसों बाद
अपना-सा दिखा कोई
विस्मित हूँ!
उससे मिलना, जानना
स्वयं को
मुड़कर देखने-सा
लग रहा
ठहरे तालाब-से जीवन में
कंकड़ फेंक
जीवन्त कर गया कोई।

अजन्मी कविताओं में मेरी

अजन्मी कविताओं में मेरी
एक हरसिंगार का पेड़
उगता, खिलता रहता
जब तुम्हारा होना
कहीं मेरे भीतर कौंधता
हरसिंगार रात भर झरते

ख़ुशबू से
मेरी सुबह खिल जाती

जाने कौन?
तुम, अजन्मी कविता
या हरसिंगार
बसन्ती बना गया जीवन।

ख़ूबसूरत नये रास्तों पर

ख़ूबसूरत नये रास्तों पर
चलते-चलते
कई-कई पड़ाव पार कर
नन्ही मंज़िल पर पहुँच
क्लान्त पथिक
अनमना,
कुछ संतोष से भरा
पर कहीं
रीता-सा, गुमसुम
स्वयं में सिमटा, खोया

नये रास्तों पर चलने से पहले
रिक्त सन्नाटे में ठिठका, ठहरा

ज़रूरी था
तन-मन का रिचार्ज

कोई मिला
हज़ारों हॉर्सपावर की ऊर्जा
खिलखिलाते हुए
झोली में डाल
ताज़ादम कर गया।

जिन्हें है मेरी

जिन्हें है मेरी
हर साँस का इल्म
कहते हैं अब
साँस मत लो
और एक हम हैं
जिये जाते हैं
खिलखिलाये जाते हैं।

तुम क्या मेरे पास आओगे, दूर जाओगे

तुम क्या मेरे पास आओगे, दूर जाओगे
मैं ख़ुद अपने पास नहीं

तुम क्या याद करोगे, भूल जाओगे मुझे
मैंने ख़ुद को भुला रखा है

मुझे खोजने की ज़हमत मत उठाना
मुझे ख़ुद ठिकाना मालूम नहीं अपना।

दोस्तों के साथ हैं

दोस्तों के साथ हैं
और मुझसे पूछते हैं
वे बेचैन क्यूँ
मैं क्या जबाब दूँ

मैं जो हूँ , न हूँ
उनका चैन तो
क़तई नहीं।

उनकी मर्ज़ी, उनकी शर्तें

उनकी मर्ज़ी, उनकी शर्तें
कहा गया ज़्यादा पास मत आओ,
ज़्यादा दूर भी मत जाओ
इन्सान इतना हिसाब-किताब
रखे तो कैसे।

जीवन का

जीवन का
अमृत रस
घूँट–घूँट पीना
हर पल, हर क्षण जीना।

सारा जीवन नये रास्तों पर

सारा जीवन नये रास्तों पर
तुम भागते न रहना
रास्ता एक ही होता
जो उस तक पहुँचाता।

पाना तो फिर भी आसान था

पाना तो फिर भी आसान था
मुझे खोने में
तुम्हारी उम्र गुज़र जायेगी।

पत्थर भी फूल लगे

पत्थर भी फूल लगे
शर्त बस इतनी है
पत्थर उनके हाथों फेंका गया हो।

किसके एहसास से

किसके एहसास से
तन्हाइयाँ
तन्हा नहीं लगतीं
किसकी ख़ुशबू से
महक रही ज़िन्दगी।

ख़ुद को खोता है जो रोज़

ख़ुद को खोता है जो रोज़
ऐसे बन्दे का यक़ीन न करना
अगले दिन वह फिर
नया होता, दूसरा होता।

मुझसे दूर जाओ तो जाओ

मुझसे दूर जाओ तो जाओ,
ज़िन्दगी के करीब रहना
मेरे पास न रहो, कोई बात नहीं
प्यार के पास रहना।

पत्थर, फूल से लगते

पत्थर, फूल से लगते
दोस्तों ने बताया
प्यार में अक्सर ऐसा गुमाँ होता है।

बेमन से जीने में

बेमन से जीने में
मन डाल गये तुम
अब सब बदला-सा लगता।

तुम्हें क्या दूँ

तुम्हें क्या दूँ
सब तो वही देता
सब उसका।

काटकर फेंक सको तो फेंक देना

काटकर फेंक सको तो फेंक देना
जाने कब से तुम्हारे वजूद का हिस्सा हूँ।

मौसम की सुनूँ तो रोटी रुसवा होगी

मौसम की सुनूँ तो रोटी रुसवा होगी
दिल की सुनूँ तो दिमाग हार जायेगा।

उनकी बेचैनी का इल्ज़ाम हमारे सिर

उनकी बेचैनी का इल्ज़ाम हमारे सिर
उफ़ ! तोहमत भी तोहफ़ा सा लगे है

बेकारी इधर है और उधर भी

बेकारी इधर है और उधर भी
उफ़ जाने क्या हो, कहीं दोनों जो मिल जायें

तुम से बँधना

तुमसे बँधना
करता बंधनों से मुक्त।

कहते हैं पास मत आओ

कहते हैं पास मत आओ,
कमबख़्त! मैं तो ख़ुद के भी पास नहीं।

वक़्त के तकाज़ों के पार

वक़्त के तकाज़ों के पार
कब से इन्तज़ार था तुम्हारा

●●●